Tina Dresbach

Unterwegs mit Ferdinand

Eine Geschichte mit Übungen zur Grafomotorik

Tina Dresbach

Unterwegs mit Ferdinand

Eine Geschichte mit Übungen zur Grafomotorik

Unser Buchprogramm im Internet

www.verlag-modernes-lernen.de

© 2013 by SolArgent Media AG, Division of BORGMANN HOLDING AG, Basel

Veröffentlicht in der Edition:
verlag modernes lernen • Schleefstraße 14 • D-44287 Dortmund

Gesamtherstellung in Deutschland: Löer Druck GmbH, Dortmund

Bestell-Nr. 5223   ISBN 978-3-8080-0723-5

Vorwort

In meiner Arbeit als Ergotherapeutin bin ich immer wieder auf der Suche nach Arbeitsmitteln für Kinder, die Probleme haben, sauber zu schreiben. Da ich die Kinder nicht einfach vor ein Arbeitsblatt mit vielen Linien setzen möchte, male ich mir die Materialien oft selbst. Jetzt habe ich einige Malübungen in einer Geschichte verpackt. Als Mutter von zwei Söhnen weiß ich, dass besonders Jungen häufig nur wenig Interesse am Malen haben, was sich später im Schriftbild niederschlägt. Durch die Geschichte wird die Neugier der Kinder geweckt und Spaß an spielerischen Malübungen vermittelt. Nebenbei bekommen die Kinder noch ein paar Informationen über die heimischen Tiere.

Tina Dresbach

Hallo liebe Kinder!

Ich heiße Ferdinand.
Ich wohne im Falkenhofer Wäldchen in Lindlar.
Heute möchte ich Euch zeigen, wer hier noch so lebt.
Kommt mit!

Das ist meine Familie: Finni, Franz, Frederike, Felix,
Frank, Fiffi, Fanta und Finta.
Wir wohnen tief unter der Erde in einer kleinen Höhle.
Dort können wir uns gut vor wilden Tieren verstecken.

Aufgabe: Male die Mäuseschwänzchen und Barthaare!

Wir leben am Waldrand. Hier wohnt auch die Krähe Krakadamia und ihre Familie. Die Krähenkinder haben immer Hunger. Sie sind kaum satt zu kriegen. Zum Glück findet Krakadamia hier immer viel zum Fressen, so dass wir uns vor ihr nicht fürchten müssen. Da fällt mir ein, dass Fiffi, Fanta und Finta auch dringend nach Hause müssen. Den weiten Weg durch den Wald schaffen sie noch nicht und außerdem lauern hier zu viele Gefahren.

Aufgabe: Male den Rauch aus dem Schornstein und den Sand unter den Füßen!

Im Herbst wachsen hier viele Pilze, zum Beispiel:
Tintenpilze und Fliegenpilze.
„Oh, schau mal! Den Fliegenpilzen fehlen ja die Punkte!"

Aufgabe: Male die Punkte der Fliegenpilze und das
Zickzackmuster auf den Tintenpilzen!

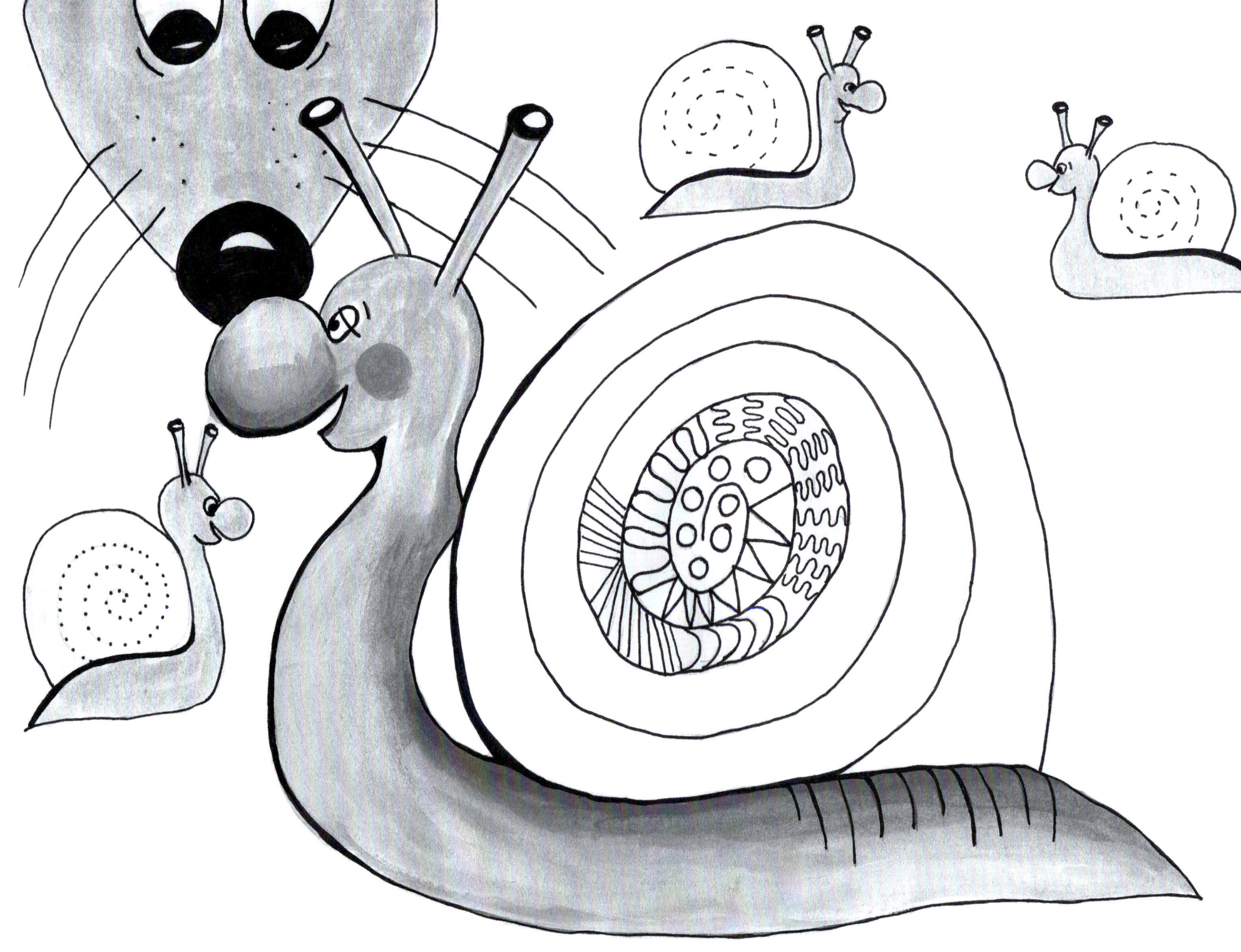

„Hallo wunderbunte Schnecke. Schön Dich zu treffen. Was ist denn mit Deinem Haus passiert? Dir fehlt ja ein Teil Deines tollen Musters."

Aufgabe: Kannst Du das Schneckenhaus mit einem Muster verschönern und bunt anmalen?!

Hier im Wald leben auch Wildschweine mit ihren Frischlingen. Die können ganz schön den Boden aufwühlen.

Aufgabe: Male Mama Wildschwein noch mehr Borsten!

Aber hier gibt es nicht nur Wildschweine. Mein Freund Theo ist ein Hausschwein. Wir kennen uns schon sehr lange und haben gemeinsam schon viele Abenteuer erlebt. Aber davon erzähle ich Euch ein andermal.

Aufgabe: Male die Nasen fertig und den Kringelschwanz! Male viele Äpfel an den Baum!

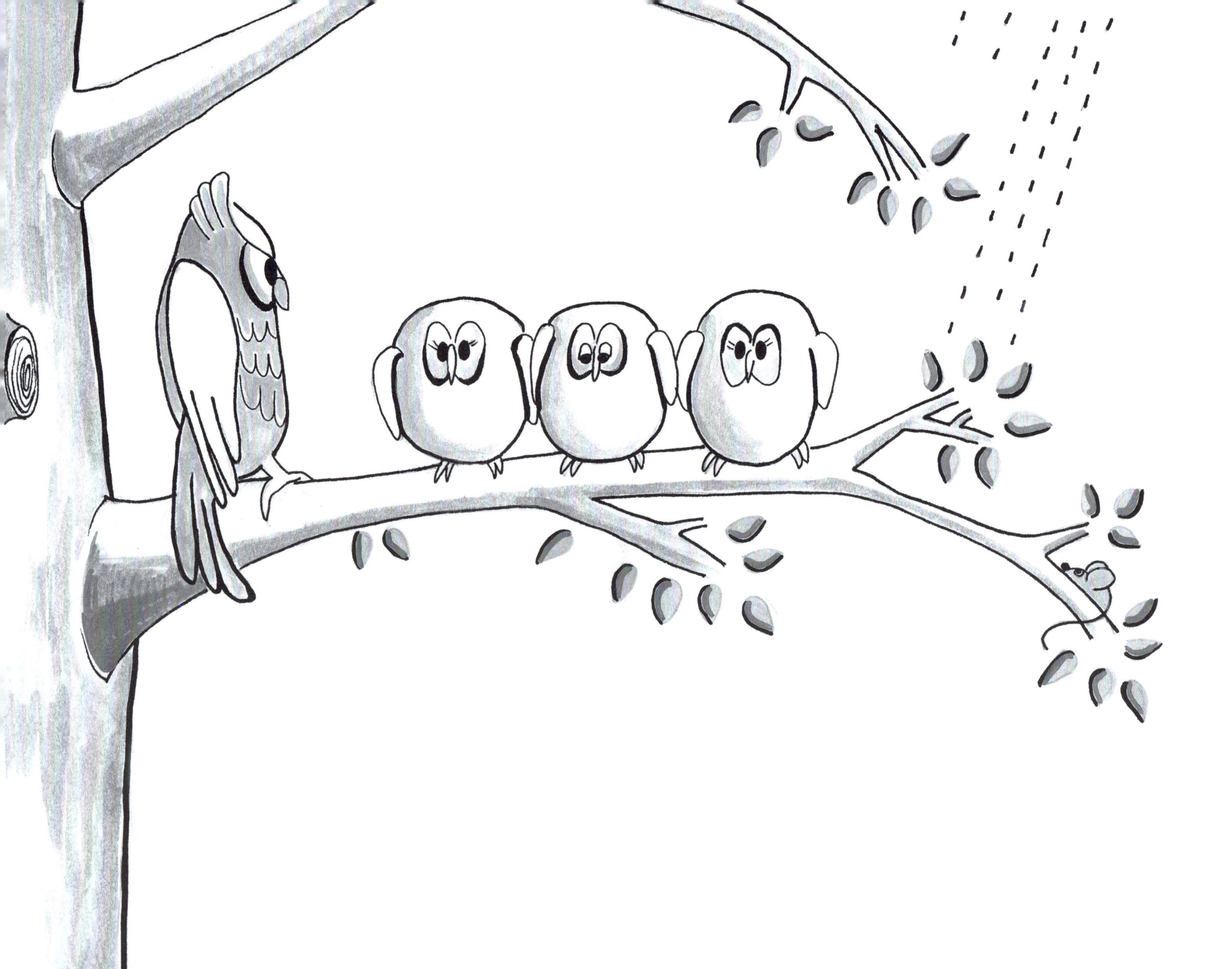

Uiii, es fängt an zu regnen. Da verstecke ich mich lieber im Geäst
des Baumes. Hoffentlich entdeckt mich die Eulenfamilie nicht.
Eulen mögen gern Mäuse, besonders zum Frühstück.

Aufgabe: Male ganz viele Regentropfen!

Oje, ich lebe hier ganz schön gefährlich. Wenn der Fuchs vorbei schleicht, bleibe ich mal lieber auf dem Baum. Hier bin ich hoffentlich sicher vor dem gefräßigen Tier.

Aufgabe: Siehst Du das Brombeergestrüpp? Wenn Du viele kleine Kreise nebeneinander malst, wird daraus eine Brombeere.

Puschel das Eichhörnchen ist auch ein guter Freund von mir. Puschel weiß immer wo es leckere Nüsse oder Samen gibt. Eichhörnchen legen gern Vorräte an. Das machen sie indem sie Samen und Nüsse verbuddeln. Oft vergisst der Puschel aber, wo er sie vergraben hat. So wachsen an den Stellen manchmal neue Bäume oder Sträucher mit vielen neuen leckeren Nüssen.

Aufgabe: Male viele Nüsse als Vorrat für Puschel! Male ihm noch viele kuschelige Härchen für den Schwanz!

Frau Meise kommt mich oft besuchen. Sie berichtet immer von der aktuellen Wetterlage. Sie kommt viel herum in Lindlar und weiß immer was alles im Ort passiert.

Aufgabe: Male viele Grasbüschel und die Schönwetterwolken!

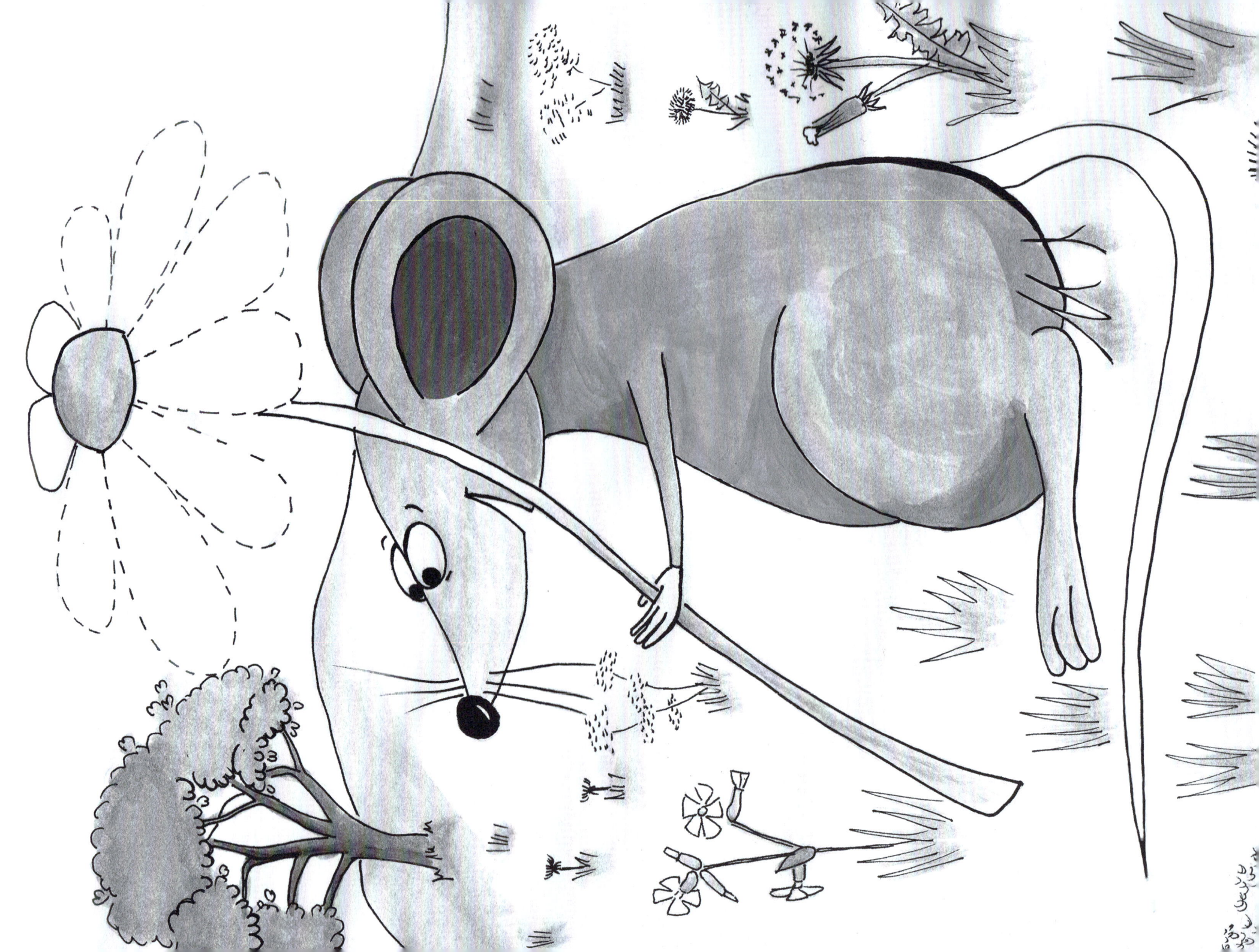

Auf der Wiese wachsen viele schöne Blumen. Da kann ich einfach nicht widerstehen. Ich habe mir eine schöne Margarite gepflückt.

Aufgabe: Male die Blütenblätter der Blume!

Auf der Wiese wachsen nicht nur schöne Blumen und Gräser. Hier leben auch viele kleine Tierchen, wie Grillen, Marienkäfer und natürlich auch Schmetterlinge. „Hallo Schmetterling, hat Dir der Regen Dein wunderschönes Muster abgewaschen?"

Aufgabe: Male die Barthaare der Maus und das Muster des Schmetterlings!

Wir haben hier in Lindlar auch kleine Bäche, Teiche und Weiher.
Hier ist der Kammmolch zu Hause. Außerdem leben hier viele
kleine Fische und der Nachwuchs von meinem Freund, dem
Laubfrosch. Er legt seine Eier in das Wasser und daraus
schlüpfen dann die Kaulquappen.

Aufgabe: Male dem Molch viele runde Zacken entlang der
gestrichelten Linie!

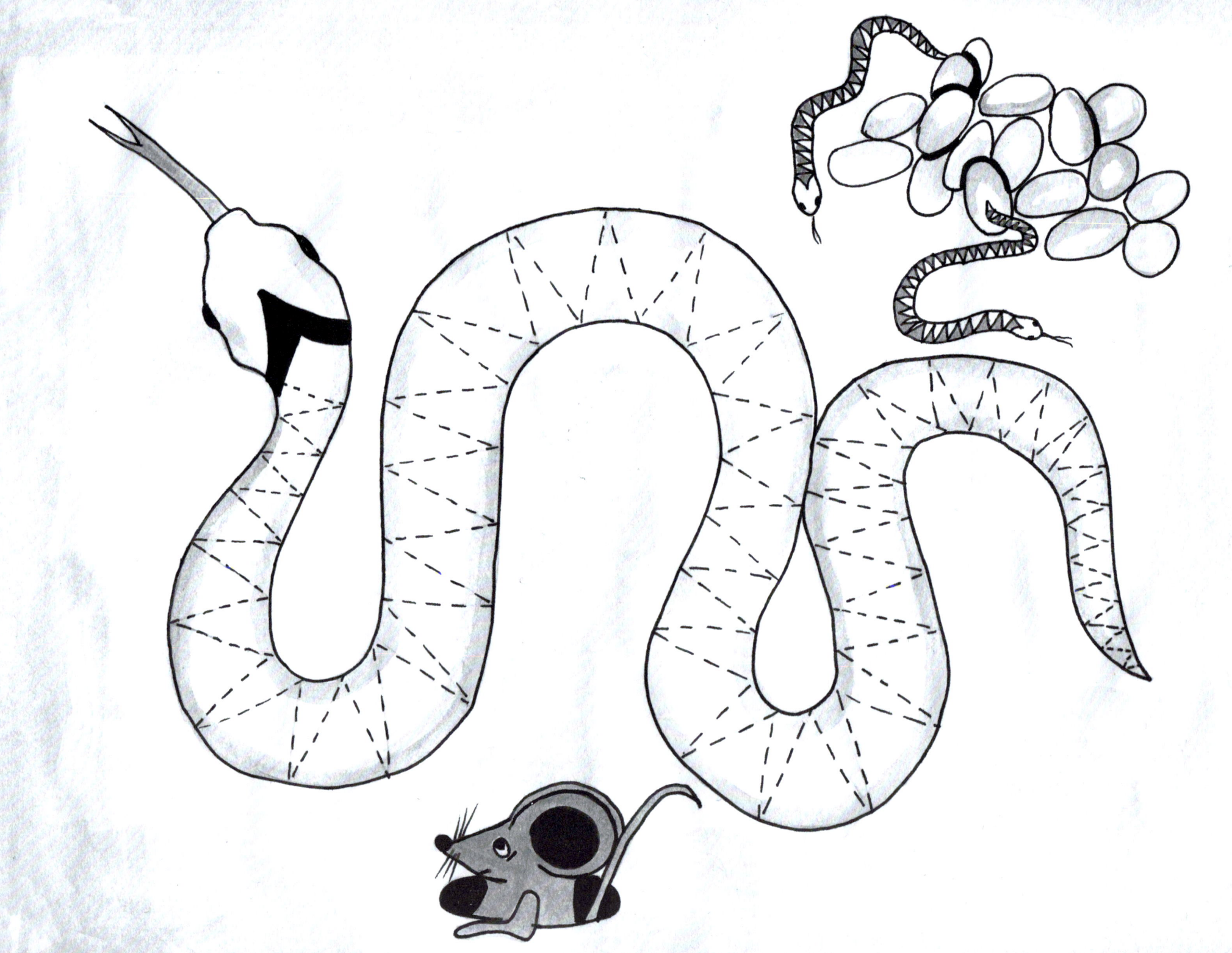

In der Nähe von Gewässern leben auch gerne Kreuzottern. Die sind selten und stehen unter Naturschutz. Ich bin froh, wenn ich ihnen nicht begegne. Ich verstecke mich jetzt mal lieber in meinem Mäuseloch.

Aufgabe: Male der Schlange ein schönes Zickzackmuster!

Schöner finde ich es, wenn mich Frau Ente auf eine Spazierfahrt über den See mitnimmt. Das macht Spaß.

Aufgabe: Male das Federkleid der Entenmama an!

Zu dumm, als ich auf das Seerosenblatt gestiegen bin,
war mir der Storch noch gar nicht aufgefallen. Hoffentlich
entdeckt er mich nicht, denn die Störche fressen gerne
kleine Mäuse.

Aufgabe: Male die Wasserringe um die Beine des Storchs!

Das war mir etwas zu gefährlich am Wasser. Ich werde mich mal lieber auf den Heimweg machen. Hier gibt es viele Maulwurfhügel, da war mein Freund der Maulwurf sehr fleißig. Die Tausendfüßler sind ja auch hier. „Guten Tag liebe Tausendfüßler. Aber wo sind denn Eure Füße?"

Aufgabe: Male die Füße der Tausendfüßler an!

Ich muss mich jetzt beeilen, dass ich zum Abendessen wieder nach Hause komme. Die Sonne geht bald unter. Doch erst treffe ich mich noch mit der Igelfamilie. „Hallo Frau Igel, die Drillinge sind aber schon groß geworden."

Aufgabe: Male dem Igel viele Stacheln an!

Endlich bin ich zurück im Wald. Hier machen es sich die beiden Rehkitze Lea und Leon gerade im Gras gemütlich. Sie beobachten die untergehende Sonne.

Aufgabe: Male den Kitzen viele kleine Punkte auf den Rücken!

„Hallo mein lieber Frosch, schön dass ich dich treffe. Ich habe eben im Weiher deinen Nachwuchs gesehen. Die kleinen Kaulquappen sind gute Schwimmer."

Aufgabe: Male dem Frosch eine lange Zunge, damit er die Fliege schnappen kann! Male das Spinnennetz fertig!

Jetzt bin ich schon fast zu Hause. Die Kaninchenfamilie
sitzt schon beim Abendessen.

Aufgabe: Male den Kaninchen viele Mohrrüben!

Endlich zu Hause angekommen.
Jetzt schnell ins Mäuseloch huschen, um mit meiner
Familie zu kuscheln.

Aufgabe: Suche den kürzesten Weg! Zeichne ihn ein,
ohne die Wände zu berühren.